GRöLS Verlage

„BÜCHER SIND WIE FALLSCHIRME. SIE NÜTZEN UNS NICHTS, WENN WIR SIE NICHT ÖFFNEN."

Gröls Verlag

Redaktionelle Hinweise und Impressum

Das vorliegende Werk wurde zugunsten der Authentizität sehr zurückhaltend bearbeitet. So wurden etwa ursprüngliche Rechtschreibfehler *nicht* systematisch behoben, denn kleine Unvollkommenheiten machen das Buch – wie im Übrigen den Menschen – erst authentisch. Mitunter wurden jedoch zum Beispiel Absätze behutsam neu getrennt, um den Lesefluss zu erleichtern.

Um die Texte zu rekonstruieren, werden antiquarische Bücher von Lesegeräten gescannt und dann durch eine Software lesbar gemacht. Der so entstandene Text wird von Menschen gegengelesen und korrigiert – hierbei treten auch Fehler auf. Wenn Sie ebenfalls antiquarische Texte einreichen möchten, finden Sie weitere Informationen auf www.groels.de

Viel Freude bei der Lektüre wünscht Ihnen das Team des Gröls-Verlags.

Adressen
Verleger: Sophia Gröls, Im Borngrund 26, 61440 Oberursel
Externer Dienstleister für Distribution & Herstellung: BoD, In de Tarpen 42, 22848 Norderstedt

Unsere „Edition | Kleine Klassiker" versammelt über hundert unbestrittene Klassiker der Weltliteratur in einem ästhetisch anspruchsvollen und handlichen Format.

Die Gröls-Klassiker-Editionen gehören heute mit ungefähr tausend Werken zu den größten Sammlungen klassischer Literatur im deutschen Sprachraum. Wir kultivieren und kuratieren damit einen der wertvollsten Bereiche der abendländischen Kultur. Kleine Auswahl:

Francis Bacon • Neues Organon • **Balzac** • Glanz und Elend der Kurtisanen • **Joachim H. Campe** • Robinson der Jüngere • **Dante Alighieri** • Die Göttliche Komödie • **Daniel Defoe** • Robinson Crusoe • **Charles Dickens** • Oliver Twist • **Denis Diderot** • Jacques der Fatalist • **Fjodor Dostojewski** • Schuld und Sühne • **Arthur Conan Doyle** • Der Hund von Baskerville • **Elisabeth von Österreich** • Das Poetische Tagebuch • **Friedrich Engels** • Die Lage der arbeitenden Klasse • **Ludwig Feuerbach** • Das Wesen des Christentums • **Fitzgerald** • Zärtlich ist die Nacht • **Flaubert** • Madame Bovary • **Theodor Fontane** • Effi Briest • **Robert Musil** • Über die Dummheit • **Edgar Wallace** • Der Frosch mit der Maske • **Jakob Wassermann** • Der Fall Maurizius • **Oscar Wilde** • Das Bildnis des Dorian Grey •

Mark Twain • Huckleberry Finns Abenteuer und Fahrten • **Anton Tschechow** • Die Möwe • **Ludwig Tieck** • Der gestiefelte Kater • **Feuerbach** • Das Wesen des Christentums • **Fitzgerald** • Zärtlich ist die Nacht • **Flaubert** • Madame Bovary • **Theodor Fontane** • Effi Briest • **Robert Musil** • Über die Dummheit • **Edgar Wallace** • Der Frosch mit der Maske • **Jakob Wassermann** • Der Fall Maurizius • **Oscar Wilde** • Das Bildnis des Dorian Grey • **Mark Twain** • Huckleberry Finns Abenteuer und Fahrten • **Anton Tschechow** • Die Möwe • **Ludwig Tieck** • Der gestiefelte Kater • **Jonathan Swift** • Gullivers Reisen • **Robert Louis Stevenson** • Die Schatzinsel • **William Shakespeare** • Othello • **Arthur Schopenhauer** • Die Kunst, Recht zu behalten • **Felix Salten** • Bambi • **Platon** • Der Staat • **Arthur Schnitzler** • Traumnovelle • **Friedrich Schiller** • Wilhelm Tell • **Karl May** • Winnetou • **Franz Kafka** • Der Prozeß • Platon • Verteidigungsrede • **Jules Verne** • Reise nachdem Mittelpunkt der Erde • **Leo Tolstoi** • Auferstehung • **August Strindberg** • Inferno • **Julius Stinde** • Familie Buchholz • **Wilhelm Raabe** • Die schwarze Galeere • **Friedrich Nietzsche** • Götzendämmerung • **Gotthold Ephraim Lessing** • Emilia Galotti *und viele weitere Werke….*

Immanuel Kant

Beantwortung der Frage: Was ist Aufklärung?

&

Von dem ersten Grunde des Unterschiedes der Gegenden im Raum

Inhalt

Beantwortung der Frage: Was ist Aufklärung?

Aufklärung ist der Ausgang des Menschen aus seiner selbst verschuldeten Unmündigkeit. Unmündigkeit ist das Unvermögen, sich seines Verstandes ohne Leitung eines anderen zu bedienen. Selbstverschuldet ist diese

Unmündigkeit, wenn die Ursache derselben nicht am Mangel des Verstandes, sondern der Entschließung und des Mutes liegt, sich seiner ohne Leitung eines anderen zu bedienen. Sapere aude! Habe Mut dich deines eigenen Verstandes zu bedienen! ist also der Wahlspruch der Aufklärung.

Faulheit und Feigheit sind die Ursachen, warum ein so großer Teil der Menschen, nachdem sie die Natur längst von fremder Leitung frei gesprochen (naturaliter maiorennes), dennoch gerne zeitlebens unmündig bleiben; und warum es Anderen so leicht wird, sich zu deren Vormündern aufzuwerfen. Es ist so bequem, unmündig zu sein. Habe ich ein Buch, das für mich Verstand hat, einen Seelsorger, der für mich Gewissen hat, einen Arzt, der für mich die Diät beurteilt, u.s.w., so brauche ich mich ja nicht selbst zu bemühen. Ich habe nicht nötig zu denken, wenn ich nur bezahlen kann; andere werden das verdrießliche Geschäft schon für mich übernehmen. Daß der bei weitem größte Teil der Menschen (darunter das ganze schöne Geschlecht) den Schritt zur Mündigkeit, außer dem daß er beschwerlich ist, auch für sehr gefährlich halte: dafür sorgen schon jene Vormünder, die die Oberaufsicht über sie gütigst auf sich genommen haben. Nachdem sie ihr Hausvieh zuerst dumm gemacht haben und sorgfältig verhüteten, daß diese ruhigen Geschöpfe ja keinen Schritt außer dem Gängelwagen, darin sie sie einsperrten, wagen durften, so zeigen sie ihnen nachher die Gefahr, die ihnen droht, wenn sie es versuchen allein zu gehen. Nun ist diese Gefahr zwar eben so groß nicht, denn sie würden durch einigemal Fallen wohl endlich gehen lernen; allein ein Beispiel von der Art macht doch schüchtern und schreckt gemeinhin von allen ferneren Versuchen ab.

Es ist also für jeden einzelnen Menschen schwer, sich aus der ihm beinahe zur Natur gewordenen Unmündigkeit herauszuarbeiten. Er hat sie sogar lieb gewonnen und ist vor der Hand wirklich unfähig, sich seines eigenen Verstandes zu bedienen, weil man ihn niemals den Versuch davon machen ließ. Satzungen und Formeln, diese mechanischen Werkzeuge eines vernünftigen Gebrauchs oder vielmehr Mißbrauchs seiner Naturgaben, sind die Fußschellen einer immerwährenden Unmündigkeit. Wer sie auch abwürfe, würde dennoch auch über den schmalsten Graben einen nur unsicheren Sprung tun, weil er zu dergleichen freier Bewegung nicht gewöhnt ist. Daher gibt es nur Wenige, denen es gelungen ist, durch eigene Bearbeitung ihres Geistes sich aus der Unmündigkeit heraus zu wickeln und dennoch einen sicheren Gang zu tun.

Daß aber ein Publikum sich selbst aufkläre, ist eher möglich; ja es ist, wenn man ihm nur Freiheit läßt, beinahe unausbleiblich. Denn da werden sich immer einige Selbstdenkende sogar unter den eingesetzten Vormündern des großen Haufens finden, welche, nachdem sie das Joch der Unmündigkeit selbst abgeworfen haben, den Geist einer vernünftigen Schätzung des eigenen Werts und des Berufs jedes Menschen selbst zu denken um sich verbreiten werden. Besonders ist hierbei: daß das Publikum, welches zuvor von ihnen unter dieses Joch gebracht worden, sie danach selbst zwingt darunter zu bleiben, wenn es von einigen seiner Vormünder, die selbst aller Aufklärung unfähig sind, dazu aufgewiegelt worden; so schädlich ist es Vorurteile zu pflanzen, weil sie sich zuletzt an denen selbst rächen, die oder deren Vorgänger ihre Urheber gewesen sind. Daher kann ein Publikum nur langsam zur Aufklärung gelangen. durch eine Revolution wird vielleicht wohl ein Abfall von persönlichem Despotismus und gewinnsüchtiger oder herrschsüchtiger Bedrückung, aber niemals wahre Reform der Denkungsart zustande kommen; sondern neue Vorurteile werden ebensowohl als die alten zum Leitbande des gedankenlosen großen Haufens dienen.

Zu dieser Aufklärung aber wird nichts erfordert als Freiheit; und zwar die unschädlichste unter allem, was nur Freiheit heißen mag, nämlich die: von seiner Vernunft in allen Stücken öffentlichen Gebrauch zu machen. Nun höre ich aber von allen Seiten rufen: räsonniert nicht! Der Offizier sagt: räsonniert nicht, sondern exerziert! Der Finanzrat: räsonniert nicht, sondern bezahlt! Der Geistliche: räsonniert nicht, sondern glaubt! (Nur ein einziger Herr in der Welt sagt: räsonniert, so viel ihr wollt, und worüber ihr wollt; aber gehorcht!) Hier ist überall Einschränkung der Freiheit. Welche Einschränkung aber ist der Aufklärung hinderlich? welche nicht, sondern ihr wohl gar beförderlich? – Ich antworte: der öffentliche Gebrauch seiner Vernunft muß jederzeit frei sein, und der allein kann Aufklärung unter Menschen zustande bringen; der Privatgebrauch derselben aber darf öfters sehr enge eingeschränkt sein, ohne doch darum den Fortschritt der Aufklärung sonderlich zu hindern. Ich verstehe aber unter dem öffentlichen Gebrauch seiner eigenen Vernunft denjenigen, den jemand als Gelehrter von ihr vor dem ganzen Publikum der Leserwelt macht. Den Privatgebrauch nenne ich denjenigen, den er in einem gewissen ihm anvertrauten bürgerlichen Posten oder Amte von seiner Vernunft machen darf. Nun ist zu manchen Geschäften, die in das Interesse des gemeinen Wesens laufen, ein gewisser Mechanism notwendig, vermittels dessen einige

Glieder des gemeinen Wesens sich bloß passiv verhalten müssen, um durch eine künstliche Einhelligkeit von der Regierung zu öffentlichen Zwecken gerichtet, oder wenigstens von der Zerstörung dieser Zwecke abgehalten zu werden. Hier ist es nun freilich nicht erlaubt, zu räsonnieren; sondern man muß gehorchen. So fern sich aber dieser Teil der Maschine zugleich als Glied eines ganzen gemeinen Wesens, ja sogar der Weltbürgergesellschaft ansieht, mithin in der Qualität eines Gelehrten, der sich an ein Publikum im eigentlichen Verstande durch Schriften wendet: kann er allerdings räsonnieren, ohne daß dadurch die Geschäfte leiden, zu denen er zum Teile als passives Glied angesetzt ist.

So würde es sehr verderblich sein, wenn ein Offizier, dem von seinen Oberen etwas anbefohlen wird, im Dienste über die Zweckmäßigkeit oder Nützlichkeit dieses Befehls laut vernünfteln wollte; er muß gehorchen. Es kann ihm aber billigermaßen nicht verwehrt werden, als Gelehrter über die Fehler im Kriegesdienste Anmerkungen zu machen und diese seinem Publikum zur Beurteilung vorzulegen. Der Bürger kann sich nicht weigern, die ihm auferlegten Abgaben zu leisten; sogar kann ein vorwitziger Tadel solcher Auflagen, wenn sie von ihm geleistet werden sollen, als ein Skandal (das allgemeine Widersetzlichkeiten veranlassen könnte) bestraft werden. Eben derselbe handelt demungeachtet der Pflicht eines Bürgers nicht entgegen, wenn er als Gelehrter wider die Unschicklichkeit oder auch Ungerechtigkeit solcher Ausschreibungen öffentlich seine Gedanken äußert. Ebenso ist ein Geistlicher verbunden, seinen Katechismusschülern und seiner Gemeinde nach dem Symbol der

Kirche, der er dient, seinen Vortrag zu tun; denn er ist auf diese Bedingung angenommen worden. Aber als Gelehrter hat er volle Freiheit, ja sogar den Beruf dazu, alle seine sorgfältig geprüften und wohlmeinenden Gedanken über das Fehlerhafte in jenem Symbol und Vorschläge wegen besserer Einrichtung des Religions- und Kirchenwesens dem Publikum mitzuteilen. Es ist hiebei auch nichts, was dem Gewissen zur Last gelegt werden könnte. Denn was er infolge seines Amts als Geschäftträger der Kirche lehrt, das stellt er als etwas vor, in Ansehung dessen er nicht freie Gewalt hat nach eigenem Gutdünken zu lehren, sondern das er nach Vorschrift und im Namen eines anderen vorzutragen angestellt ist. Er wird sagen: unsere Kirche lehrt dieses oder jenes; das sind die Beweisgründe, deren sie sich bedient. Er zieht alsdann allen praktischen Nutzen für seine Gemeinde aus Satzungen, die er selbst nicht mit voller Überzeugung unterschreiben würde, zu deren Vortrag er sich gleichwohl anheischig machen kann, weil es doch nicht ganz unmöglich ist, daß darin Wahrheit verborgen läge, auf alle Fälle aber wenigstens doch nichts der inneren Religion Widersprechendes darin angetroffen wird. Denn glaubte er das letztere darin zu finden, so würde er sein Amt mit Gewissen nicht verwalten können; er müßte es niederlegen. Der Gebrauch also, den ein angestellter Lehrer von seiner Vernunft vor seiner Gemeinde macht, ist bloß ein Privatgebrauch: weil diese immer nur eine häusliche, obwohl noch so große Versammlung ist; und in Ansehung dessen ist er als Priester nicht frei und darf es auch nicht sein, weil er einen fremden Auftrag ausrichtet. Dagegen als Gelehrter, der durch Schriften zum eigentlichen Publikum, nämlich der Welt, spricht, mithin der Geistliche im öffentlichen

Gebrauche seiner Vernunft genießt einer uneingeschränkte Freiheit, sich seiner eigenen Vernunft zu bedienen und in seiner eigenen Person zu sprechen. Denn daß die Vormünder des Volks (in geistlichen Dingen) selbst wieder unmündig sein sollen, ist eine Ungereimtheit, die auf Verewigung der Ungereimtheiten hinausläuft.

Aber sollte nicht eine Gesellschaft von Geistlichen, etwa eine Kirchenversammlung, oder eine ehrwürdige Classis (wie sie sich unter den Holländern selbst nennt), berechtigt sein, sich eidlich untereinander auf ein gewisses unveränderliches Symbol zu verpflichten, um so eine unaufhörliche Obervormundschaft über jedes ihrer Glieder und vermittels ihrer über das Volk zu führen und diese sogar zu verewigen? Ich sage: das ist ganz unmöglich. Ein solcher Kontrakt, der auf immer alle weitere Aufklärung vom Menschengeschlechte abzuhalten geschlossen würde, ist schlechterdings null und nichtig; und sollte er auch durch die oberste

Gewalt, durch Reichstage und die feierlichsten Friedensschlüsse bestätigt sein. Ein Zeitalter kann sich nicht verbünden und darauf verschwören, das folgende in einen Zustand zu setzen, darin es ihm unmöglich werden muß, seine (vornehmlich so sehr angelegentliche) Erkenntnisse zu erweitern, von Irrtümern zu reinigen und überhaupt in der Aufklärung weiter zu schreiten. Das wäre ein Verbrechen wider die menschliche Natur, deren ursprüngliche Bestimmung gerade in diesem Fortschreiten besteht; und die Nachkommen sind also vollkommen dazu berechtigt, jene Beschlüsse, als unbefugter und frevelhafter Weise genommen, zu verwerfen. Der

Probierstein alles dessen, was über ein Volk als Gesetz beschlossen werden kann, liegt in der Frage: ob ein Volk sich selbst wohl ein solches Gesetz auferlegen könnte. Nun wäre dieses wohl gleichsam in der Erwartung eines besseren auf eine bestimmte kurze Zeit möglich, um eine gewisse Ordnung einzuführen: indem man es zugleich jedem der Bürger, vornehmlich dem Geistlichen frei ließe, in der Qualität eines Gelehrten öffentlich, d.i. durch Schriften, über das Fehlerhafte der dermaligen Einrichtung seine Anmerkungen zu machen, indessen die eingeführte Ordnung noch immer forzdauerte, bis die Einsicht in die Beschaffenheit dieser Sachen öffentlich so weit gekommen und bewährt worden, daß sie durch Vereínigung ihrer Stimmen (wenngleich nicht aller) einen Vorschlag vor den Thron bringen könnte, um diejenigen Gemeinden in Schutz zu nehmen, die sich etwa nach ihren Begriffen der besseren Einsicht zu einer veränderten Religionseinrichtung geeinigt hätten, ohne doch diejenigen zu hindern, die es beim Alten wollten bewenden lassen. Aber auf eine beharrliche, von Niemanden öffentlich zu bezweifelnde Religionsverfassung auch nur binnen der Lebensdauer eines Menschen sich zu einigen und dadurch einen Zeitraum in dem Fortgange der Menschheit zur Verbesserung gleichsam zu vernichten und fruchtlos, dadurch aber wohl gar der Nachkommenschaft nachteilig zu machen, ist schlechterdings unerlaubt. Ein Mensch kann zwar für seine Person und auch alsdann nur auf einige Zeit in dem, was ihm zu wissen obliegt, die Aufklärung aufschieben; aber auf sie Verzicht zu tun, es sei für seine Person, mehr aber noch für die Nachkommenschaft, heißt die heiligen Rechte der Menschheit verletzen und mit Füßen treten. Was aber nicht einmal ein Volk über sich selbst beschließen darf, das darf noch weniger ein Monarch über das Volk beschließen; denn sein gesetzgebendes Ansehen beruht eben darauf, daß er den gesamten Volkswillen in dem seinigen vereinigt. Wenn er nur darauf sieht, daß alle wahre oder vermeintliche

Verbesserung mit der bürgerlichen Ordnung zusammen bestehe: so kann er seine Untertanen übrigens nur selbst machen lassen, was sie um ihres Seelenheils willen zu tun nötig finden; das geht ihn nichts an, wohl aber zu verhüten, daß nicht einer den andern gewalttätig hindere, an der Bestimmung und Beförderung desselben nach allem seinem

Vermögen zu arbeiten. Es tut selbst seiner Majestät Abbruch, wenn er sich hier einmischt, indem er die Schriften, wodurch seine Untertanen ihre Einsichten ins Reine zu bringen suchen, seiner Regierungsaufsicht würdigt, sowohl wenn er dieses aus eigener höchster Einsicht tut, wo er sich dem Vorwurfe aussetzt: Caesar non est supra Grammaticos, als auch und noch weit mehr, wenn er seine oberste Gewalt so weit erniedrigt, den geistlichen Despotismus einiger Tyrannen in seinem Staate gegen seine übrigen Untertanen zu unterstützen.

Wenn denn nun gefragt wird: Leben wir jetzt in einem aufgeklärten Zeitalter? so ist die Antwort: Nein, aber wohl in einem Zeitalter der Aufklärung. Daß die Menschen, wie die Sachen jetzt stehen, im Ganzen genommen, schon imstande wären, oder darin auch nur gesetzt werden könnten, in Religionsdingen sich ihres eigenen Verstandes ohne Leitung eines Anderen sicher und gut zu bedienen, daran fehlt noch sehr viel. Allein daß jetzt ihnen doch das

Feld geöffnet wird, sich dahin frei zu bearbeiten, und die Hindernisse der allgemeinen Aufklärung, oder des Ausganges aus ihrer selbst verschuldeten Unmündigkeit allmählich weniger werden, davon haben wir doch deutliche Anzeigen. In diesem Betracht ist dieses Zeitalter das Zeitalter der Aufklärung, oder das Jahrhundert Friederichs.

Ein Fürst, der es seiner nicht unwürdig findet, zu sagen: daß er es für Pflicht halte, in Religionsdingen den Menschen nichts vorzuschreiben, sondern ihnen darin volle Freiheit zu lassen, der also selbst den hochmütigen Namen der Toleranz von sich ablehnt, ist selbst aufgeklärt und verdient von der dankbaren Welt und Nachwelt als derjenige gepriesen zu werden, der zuerst das menschliche Geschlecht der Unmündigkeit wenigstens von Seiten der Regierung entschlug und Jedem frei ließ, sich in allem, was Gewissensangelegenheit ist, seiner eigenen Vernunft zu bedienen. Unter ihm dürfen verehrungswürdige Geistliche unbeschadet ihrer Amtspflicht ihre vom angenommenen

Symbol hier oder da abweichenden Urteile und Einsichten in der Qualität der Gelehrten frei und öffentlich der Welt zur Prüfung darlegen; noch mehr aber jeder andere, der durch keine Amtspflicht eingeschränkt ist. Dieser Geist der Freiheit breitet sich außerhalb aus, selbst da, wo er mit äußeren Hindernissen einer sich selbst mißverstehenden Regierung zu ringen hat. Denn es leuchtet dieser doch ein Beispiel vor, daß bei Freiheit für die öffentliche Ruhe und Einigkeit des gemeinen Wesens nicht das Mindeste zu besorgen sei. Die Menschen arbeiten sich von selbst nach und nach aus der Roheit heraus, wenn man nur nicht absichtlich künstelt, um sie darin zu erhalten.

Ich habe den Hauptpunkt der Aufklärung, d.i. des Ausgangs der Menschen aus ihrer selbst verschuldeten Unmündigkeit, vorzüglich in Religionssachen gesetzt: weil in Ansehung der Künste und Wissenschaften unsere Beherrscher kein Interesse haben, den Vormund über ihre Untertanen zu spielen; überdem auch jene Unmündigkeit, so wie die schädlichste, also auch die entehrendste unter allen ist. Aber die Denkungsart eines Staatsoberhaupts, der die erstere begünstigt, geht noch weiter und sieht ein: daß selbst in Ansehung seiner Gesetzgebung es ohne Gefahr sei, seinen Untertanen zu erlauben, von ihrer eigenen Vernunft öffentlichen Gebrauch zu machen und ihre Gedanken über eine bessere

Abfassung derselben sogar mit einer freimütigen Kritik der schon gegebenen der Welt öffentlich vorzulegen; davon wir ein glänzendes Beispiel haben, wodurch noch kein Monarch demjenigen vorging, welchen wir verehren.

Aber auch nur derjenige, der, selbst aufgeklärt, sich nicht vor Schatten fürchtet, zugleich aber ein wohldiszipliniertes zahlreiches Heer zum Bürgen der öffentlichen Ruhe zur Hand hat, kann das sagen, was ein Freistaat nicht wagen darf: räsonniert, soviel ihr wollt, und worüber ihr wollt; nur gehorcht! So zeigt sich hier ein befremdlicher, nicht erwarteter Gang menschlicher Dinge; so wie auch sonst, wenn man ihn im Großen betrachtet, darin fast alles paradox ist. Ein größerer Grad bürgerlicher Freiheit scheint der Freiheit des Geistes des Volks vorteilhaft und setzt ihr doch unübersteigliche Schranken; ein Grad weniger von jener verschafft hingegen diesem Raum, sich nach allem seinem Vermögen auszubreiten. Wenn denn die Natur unter dieser harten Hülle den Keim, für den sie am zärtlichsten sorgt, nämlich den Hang und Beruf zum freien Denken, ausgewickelt hat: so wirkt dieser allmählig zurück auf die Sinnesart des Volks (wodurch dieses der Freiheit zu handeln nach und nach fähiger wird) und endlich auch sogar auf die Grundsätze der Regierung, die es ihr selbst zuträglich findet, den Menschen, der nun mehr als Maschine ist, seiner Würde gemäß zu behandeln.

Königsberg in Preußen, den 30. Septemb. 1784.

Von dem ersten Grunde des Unterschiedes der Gegenden im Raum

Der berühmte Leibniz besaß viel wirkliche Einsichten, wodurch er die

Wissenschaften bereicherte, aber noch viel größere Entwürfe zu solchen, deren Ausführung die Welt von ihm vergebens erwartet hat. Ob die Ursache darin zu setzen: daß ihm seine Versuche noch zu unvollendet erschienen, eine Bedenklichkeit, welche verdienstvollen Männern eigen ist und die der Gelehrsamkeit jederzeit viel schätzbare Fragmente entzogen hat, oder ob es ihm gegangen ist, wie Boerhaave von großen Chemisten vermuthet, daß sie öfters Kunststücke vorgaben, als wenn sie im Besitze derselben wären, da sie eigentlich nur in der Überredung und dem Zutrauen zu ihrer Geschicklichkeit standen, daß ihnen die Ausführung derselben nicht mißlingen könnte, wenn sie einmal dieselbe übernehmen wollten, das will ich hier nicht entscheiden. Zum wenigsten hat es den Anschein, daß eine gewisse mathematische Disciplin, welche er zum voraus Analysin situs betitelte und deren Verlust unter andern Büffon bei Erwägung der Zusammenhaltungen der Natur in den Keimen bedauert hat, wohl niemals etwas mehr als ein

Gedankending gewesen sei. Ich weiß nicht genau, in wie fern der Gegenstand, den ich mir hier zur Betrachtung vorsetze, demjenigen verwandt sei, den der gedachte große Mann im Sinne hatte. Allein nach der Wortbedeutung zu urtheilen, suche ich hier philosophisch den ersten Grund der Möglichkeit desjenigen, wovon er die Größen mathematisch zu bestimmen vorhabens war. Denn die Lagen der Theile des Raums in Beziehung auf einander setzen die Gegend voraus, nach welcher sie in solchem Verhältniß geordnet sind, und im abgezogensten Verstande besteht die Gegend nicht in der Beziehung eines Dinges im Raum auf das andere, welches eigentlich der Begriff der Lage ist, sondern in dem

Verhältnisse des Systems dieser Lagen zu dem absoluten Weltraume. Bei allem Ausgedehnten ist die Lage seiner Theile gegen einander aus ihm selbst hinreichend zu erkennen, die Gegend aber, wohin diese Ordnung der Theile gerichtet ist, bezieht sich auf den Raum außer demselben und zwar nicht auf dessen Orter, weil dieses nichts anderes sein würde, als die Lage eben derselben Theile in einem äußeren Verhältniß, sondern auf den allgemeinen Raum als eine Einheit, wovon jede Ausdehnung wie ein Theil angesehen werden muß. Es ist kein Wunder, wenn der Leser diese Begriffe noch sehr unverständlich findet, die sich auch allererst im Fortgange aufklären sollen, ich setze daher nichts weiter hinzu, als daß mein Zweck in dieser Abhandlung, zu versuchen, ob nicht in den anschauenden Urtheilen der Ausdehnung, dergleichen die Meßkunst enthält, ein evidenter Beweis zu finden sei: daß der absolute Raum unabhängig von dem Dasein aller Materie und selbst als der erste Grund der Möglichkeit ihrer Zusammensetzung eine eigene

Realität habe. Jedermann weiß, wie vergeblich die Bemühungen der Philosophen gewesen sind, diesen Punkt vermittelst der abgezogensten Urtheile der Metaphysik einmal außer allen Streit zu setzen, und ich kenne keinen Versuch dieses gleichsam a posteriori auszuführen (nämlich vermittelst anderer unleugbaren Sätze, die selbst zwar außer dem

Bezirke der Metaphysik liegen, aber doch durch deren Anwendung in concreto einen Probirstein von ihrer Richtigkeit abgeben können), als die Abhandlung des berühmten Eulers des Älteren in der Historie der K. Akad. d. W. Zu Berl. vom Jahr 1748, die dennoch ihren Zweck nicht völlig erreicht, weil sie nur die Schwierigkeiten zeigt, den allgemeinsten Bewegungsgesetzen eine bestimmte Bedeutung zu geben, wenn man keinen anderen Begriff des Raumes annimmt als denjenigen, der aus der Abstraction von dem Verhältniß wirklicher Dinge entspringt, allein die nicht mindere Schwierigkeiten unberührt läßt, welche bei der Anwendung gedachter Gesetze übrig bleiben, wenn man sie nach dem Begriffe des absoluten Raumes in concreto vorstellen will. Der Beweis, den ich hier suche, soll nicht den Mechanikern, wie Herr Euler zur Absicht hatte, sondern selbst den Meßkünstlern einen überzeugenden Grund an die Hand geben, mit der ihnen gewöhnlichen Evidenz die Wirklichkeit ihres absoluten Raumes behaupten zu können. Ich mache dazu folgende Vorbereitung.

In dem körperlichen Raume lassen sich wegen seiner drei Abmessungen drei Flächen denken, die einander insgesamt rechtwinklicht schneiden. Da wir alles, was außer uns ist, durch die Sinnen nur in so fern kennen, als es in Beziehung auf uns selbst steht, so ist kein Wunder, daß wir von dem Verhältniß dieser Durchschnittsflächen zu unserem Körper den ersten Grund hernehmen, den Begriff der Gegenden im Raume zu erzeugen. Die Fläche, worauf die Länge unseres Körpers senkrecht steht, heißt in Ansehung unser horizontal; und diese Horizontalfläche giebt Anlaß zu dem

Unterschiede der Gegenden, die wir durch oben und unten bezeichnen. Auf dieser Fläche können zwei andere senkrecht stehen und sich zugleich rechtwinklicht durchkreuzen, so daß die Länge des menschlichen Körpers in der Linie des Durchschnitts gedacht wird. Die eine dieser Vertikalflächen theilt den Körper in zwei äußerlich ähnliche Hälften und giebt den Grund des Unterschiedes der rechten und der linken Seite ab, die andere, welche auf ihr perpendicular steht, macht, daß wir den Begriff der vorderen und hinteren Seite haben können. Bei einem beschriebenen Blatte z. E. Unterscheiden wir zuerst die obere von der unteren Seite der Schrift, wir bemerken den Unterschied der vorderen und hinteren Seite, und dann sehen wir auf die Lage der Schriftzüge von der Linken gegen die Rechte oder umgekehrt. Hier ist immer eben die selbe Lage der Theile, die auf der Fläche geordnet sind, gegen einander und in allen Stücken einerlei Figur, man mag das Blatt drehen, wie man will, aber der Unterschied der Gegenden kommt bei dieser Vorstellung so sehr in Anschlag und ist mit dem Eindrucke, den der sichtbare Gegenstand macht, so genau verbunden: daß eben dieselbe Schrift, auf solche Weise gesehen, daß alles von der Rechten gegen die Linke gekehrt wird, was vorher die entgegengesetzte Gegend hielt, unkenntlich wird.

Sogar sind unsere Urtheile von den Weltengegenden dem Begriffe untergeordnet, den wir von Gegenden überhaupt haben, insofern sie in Verhältniß auf die Seiten unseres Körpers bestimmt sind. Was wir sonst am Himmel und auf der Erde unabhängig von diesem Grundbegriffe an Verhältnissen erkennen, das sind nur Lagen der

Gegenstände unter einander. Wenn ich auch noch so gut die Ordnung der Abtheilungen des Horizonts weiß, so kann ich doch die Gegenden darnach nur bestimmen, indem ich mir bewußt bin, nach welcher Hand diese Ordnung fortlaufe, und die allergenaueste Himmelskarte, wenn außer der Lage der Sterne unter einander nicht noch durch die

Stellung des Abrisses gegen meine Hände die Gegend determiniert würde, so genau wie ich sie auch in Gedanken hätte, würde mich doch nicht in den Stand setzen, aus einer bekannten Gegend z. E. Norden, zu wissen, auf welcher Seite des Horizonts ich den Sonnenaufgang zu suchen hätte. Eben so ist es mit der geographischen, ja mit unserer gemeinsten Kenntniß der Lage der Örter bewandt, die uns zu nichts hilft, wenn wir die so geordneten Dinge und das ganze System der wechselseitigen Lagen nicht durch die Beziehung auf die Seiten unseres Körpers nach den Gegenden stellen können. Sogar besteht ein sehr namhaftes Kennzeichen der Naturerzeugungen, welches gelegentlich selbst zum Unterschiede der Arten Anlaß geben kann, in der bestimmten Gegend, wornach die Ordnung ihrer Theile gekehrt ist und wodurch zwei Geschöpfe können unterschieden werden, obgleich sie sowohl in Ansehung der Größe als auch der Proportion und selbst der Lage der Theile unter einander völlig überein kommen möchten. Die Haare auf dem Wirbel aller Menschen sind von der Linken gegen die Rechte gewandt. Aller Hopfen windet sich von seiner Linken gegen gegen die Rechte um seine Stange; die Bohnen aber nehmen eine entgegengesetzte Wendung. Fast alle Schnecken, nur etwas drei Gattungen ausgenommen, haben ihre Drehung, wenn man von oben herab, d. i. von der Spitze zur

Mündung, geht, von der Linken gegen die die Rechte. Diese bestimmte Eigenschaft wohnt eben derselben Gattung von Geschöpfen unveränderlich bei ohne einiges Verhältniß auf die Halbkugel, woselbst sie sich befinden, und auf die Richtung der täglichen Sonnen- und Mondsbewegung, die uns von der Linken gegen die Rechte, unsern

Antipoden aber diesem entgegen läuft, weil bei den angeführten Naturproducten die Ursache der Windung in den Samen selbst liegt; dahingegen, wo eine gewisse Drehung dem Laufe dieser Himmelskörper zugeschrieben werden kann, wie Mariotte ein solches Gesetz an den Winden will beobachtet haben, die vom neuen zum vollen Lichte gerne von der Linken zur Rechten den ganzen Compaß durchlaufen, da muß diese Kreisbewegung auf der anderen Halbkugel nach der anderen Hand herumgehen, wie es auch wirklich Don Ulloa durch seine Beobachtungen auf dem südlichen Meere bestätigt zu finden meint.

Da das verschiedene Gefühl der rechten und linken Seite zum Urtheil der Gegenden von so großer Nothwendigkeit ist, so hat die Natur es zugleich an die mechanische Einrichtung des menschlichen Körpers geknüpft, vermittelst deren die eine, nämlich die rechte einen ungezweifelten Vorzug der Gewandtheit und vielleicht auch der

Stärke vor der Linken hat. Daher alle Völker der Erde rechtsch sind (wenn man einzelne Ausnahmen bei Seite setzt, welche, so wie die des Schielens, die Allgemeinheit der Regel nach der natürlichen Ordnung nicht umstoßen können). Man bewegt seinen Körper leichter von der Rechten gegen die Linke als diesem entgegen, wenn man aufs Pferd steigt oder über einen

Graben schreitet. Man schreibt allerwärts mit der rechten Hand, und mit ihr thut man alles, wozu Geschick und Stärke erfordert wird. So wie aber die rechte Seite vor der linken den Vortheil der Bewegkraft zu haben scheint, so hat die linke ihn vor der rechten in Ansehung der Empfindsamkeit, wenn man einigen Naturforschern glauben darf, z. E.

dem Borelli und Bonnet, deren der erstere von dem linken Auge, der andere auch vom linken Ohre behauptet: daß der Sinn in Ihnen stärker sei, als der an den gleichnamigen Werkzeugen der rechten Seite. Und so sind die beiden Seiten des menschlichen Körpers ungeachtet ihrer großen äußeren Ähnlichkeit durch eine klare

Empfindung gnugsam unterschieden, wenn man gleich die verschiedene Lage der inwendigen Theile und das menschliche Klopfen des Herzens beiseite setzt, indem dieser Muskel bei seinem jedesmaligen Zusammenziehen mit feinster Spitze in schierer Bewegung an die linke Seite der Brust anstößt.

Wir wollen also darthun: daß der vollständige Bestimmungsgrund einer körperlichen Gestalt nicht lediglich auf dem Verhältniß und Lage seiner Theile gegen einander beruhe, sondern noch überdem auf einer Beziehung gegen den allgemeinen absoluten Raum, so wie ihn sich die Meßkünstler denken, doch so, daß dieses Verhältniß nicht unmittelbar kann wahrgenommen werden, aber wohl diejenigen Unterschiede der Körper, die einzig und allein auf diesem Grunde beruhen. Wenn zwei Figuren, auf einer Ebene gezeichnet, einander gleichen und ähnlich sind, so decken sie einander. Allein mit der körperlichen Ausdehnung, oder auch den Linien und Flächen, die nicht in einer Ebene liegen, ist es oft ganz anders bewandt. Sie können völlig gleich und ähnlich, jedoch an sich selbst so verschieden sein, daß die Grenzen der einen nicht zugleich die Grenzen der andern sein können. Ein Schraubengewinde, welches um seine Spille von der Linken gegen die Rechte geführt ist, wird in eine solche Mutter niemals passen, deren Gänge von der Rechten gegen die Linke laufen, obgleich die Dicke der Spindel und die Zahl der Schraubengänge in gleicher Höhe einstimmig wären. Ein sphärischer Triangel kann einem anderen völlig gleich und ähnlich sein, ohne ihn jedoch zu decken. Doch das gemeinste und klärste Beispiel haben wir an den Gliedmaßen des menschlichen Körpers, welche gegen die

Vertikalfläche desselben symmetrisch geordnet sind. Die rechte Hand ist der linken ähnlich und gleich, und wenn man bloß auf eine derselben alleine sieht, auf die Proportion und Lage der Theile unter einander und auf die Größe des Ganzen, so muß eine vollständige Beschreibung der einen in allen Stücken auch von der anderen gelten.

Ich nenne einen Körper, der einem anderen völlig gleich und ähnlich ist, ob er gleich nicht in eben demselben Grenzen kann beschlossen werden, sein incongruentes Gegenstück. Um nun dessen Möglichkeit zu zeigen: so nehme man einen Körper an, der nicht aus zwei Hälften besteht, die symmetrisch gegen eine einzige Durchschnittsfläche geordnet sind, sondern etwa eine Menschenhand. Man fälle aus allen Punkten ihrer Oberfläche auf eine ihr gegenüber gestellte Tafel Perpendikellinien und verlängere so eben so weit hinter derselben, als diese Punkte vor ihr liegen, so machen die Endpunkte der so verlängerten Linien, wenn sie verbunden werden, die Fläche einer körperlichen Gestalt aus, die das incongruente Gegenstück der vorherigen ist, d. i. wenn die gegebene Hand eine rechte ist, so ist deren Gegenstück eine linke. Die Abbildung eines Objects im Spiegel beruht auf eben desselben Gründen. Denn es erscheint jederzeit eben soweit hinter demselben, als es vor seiner Fläche steht, und daher ist das Bild einer rechten Hand in dem selben jederzeit ein linke. Besteht das Object selber aus zwei incongruenten Gegenstücken, wie der menschliche Körper, wenn man ihn vermittelst eines Vertikaldurchschnitts von vorne nach hinten theilt, so ist sein Bild ihm congruent, welches man leicht erkennt, wenn man es in Gedanken eine halbe Drehung machen läßt; denn das Gegenstück vom

Gegenstück eines Objects ist diesem nothwendig congruent.

Soviel mag gnug sein, um die Möglichkeit völlig ähnlicher und gleicher und doch incongruenter Räume zu verstehen. Wir gehen jetzt zur philosophischen Anwendung dieser Begriffe. Es ist schon aus dem gemeinen Beispiele beider Hände offenbar: daß die Figur eines Körpers der Figur eines anderen völlig ähnlich und die Größe der Ausdehnung ganz gleich sein könne, so daß dennoch ein innerer Unterschied übrig bleibt, nämlich der: daß die Oberfläche, die den einen beschließt, den anderen unmöglich einschließen könne. Weil diese Oberfläche den körperlichen Raum des einen begrenzt, die dem andern nicht zur Grenze dienen kann, man mag ihn drehen und wenden, wie man will, so muß diese Verschiedenheit eine solche sein, die auf einem inneren Grunde beruht. Dieser innere Grund der Verschiedenheit aber kann nicht auf die unterschiedene Art der Verbindung der Theile des Körpers unter einander ankommen; denn wie man aus dem angeführten Beispiele sieht, so kann in Ansehung dessen alles völlig einerlei sein. Gleichwohl wenn man sich vorstellt: das erste Schöpfungsstück solle eine Menschenhand sein, so ist es nothwendig entweder eine Rechte oder eine Linke, und um die eine hervorzubringen, war eine andere Handlung der schaffenden Ursache nöthig, als die, wodurch ihr Gegenstück gemacht werden konnte.

Nimmt man nun den Begriff vieler neueren Philosophen, vornehmlich der deutschen an, daß der Raum nur in dem äußeren Verhältnisse der neben einander befindlichen Theile der Materie besteht, so würde aller wirklicher Raum in dem angeführten

Falle nur derjenige sein, den diese Hand einnimmt. Weil aber gar kein Unterschied in dem Verhältnisse der Theile derselben unter sich statt findet, sie mag eine Rechte oder Linke sein, so würde diese Hand in Ansehung einer solchen Eigenschaft gänzlich unbestimmt sein, d. i. sie würde auf jede Seite des meschlichen

Körpers passen, welches unmöglich ist.

Es ist hieraus klar: daß nicht die Bestimmungen des Raumes Folge von den Lagen der Theile der Materie gegen einander, sondern diese Folgen von jenen sind, und daß also in der Beschaffenheit der Körper Unterschiede angetroffen werden können und zwar wahre Unterschiede, die sich lediglich auf den absoluten und ursprünglichen Raum beziehen, weil nur durch ihn das Verhältniß körperlicher Dinge möglich ist, und daß, weil der absolute Raum kein Gegenstand einer äußeren Empfindung, sondern ein Grundbegriff ist, der alle dieselbe erst möglich macht, wir dasjenige, was in der Gestalt eines Körpers lediglich die Beziehung auf den reinen Raum angeht, nur durch die Gegenhaltung mit anderen Körpern wahrnehmen können.

Ein nachsinnender Leser wird daher den Begriff des Raumes, so wie ihn der Meßkünstler denkt und auch scharfsinnige Philosophen ihn in den

Lehrbegriff der Naturwissenschaft aufgenommen haben, nicht für ein bloßes Gedankending ansehen, obgleich es nicht an Schwierigkeiten fehlt, die diesen Begriff umgeben, wenn man seine Realität, welche dem inneren Sinne anschauend gnug ist, durch Vernunftideen fassen will. Über diese Beschwerlichkeit zeigt sich allerwärts, wenn man über die ersten data unserer Erkenntniß noch philosophieren will, aber sie ist niemals so entscheidend als diejenige, welche sich hervorthut, wenn die Folgen eines angenommenen Begriffs der augenscheinlichsten Erfahrung widersprechen.